AF259551

PAIN

ET

LIBERTÉ

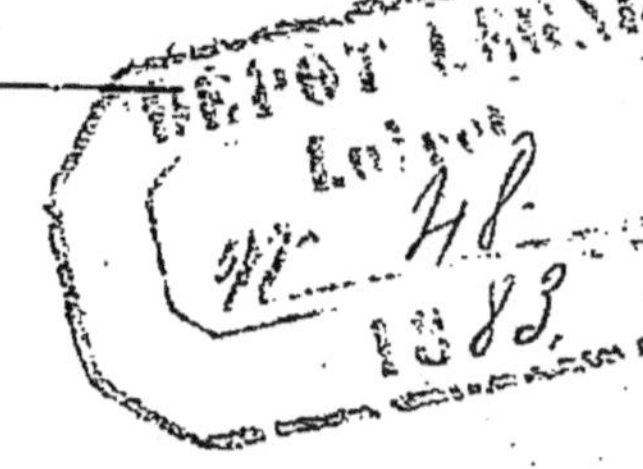

SOMMAIRE

ORLÉANS

IMPRIMERIE PUGET ET Cie

RUE VIEILLE-POTERIE, 9

—

1883

PAIN

ET

LIBERTÉ

SOMMAIRE

ORLÉANS

IMPRIMERIE PUGET ET Cie

RUE VIEILLE-POTERIE, 9

—

1883

A MON FILS

L'horizon est sombre.

Les industries de luxe ont encombré les villes de travailleurs inutiles, races affaiblies, fatalement vouées à la destruction par la misère prochaine et ses luttes sans merci.

Elles ont développé la mollesse, l'égoïsme, le découragement ou les colères inconscientes.

Le sens des mots est changé : duplicité veut dire intelligence, perversité signifie dédain des préjugés, hypocrisie est synonyme de savoir-vivre.

La France désorganisée va rejoindre dans l'oubli les nations tombées, si le retour aux travaux agricoles et aux professions utiles ne vient redonner la vigueur, relever les caractères, ramener à la moralité, à l'espoir du mieux, assurer l'aisance et la liberté, à l'homme qui voudra vivre honnête et laborieux.

Écrites dans ce sens pour qui les voudra lire, les pages suivantes le sont aussi pour toi ; à dix-huit ans on peut étudier le présent et préparer l'avenir ; lis, mon fils, elles te sont dédiées.

Qu'elles te permettent l'application raisonnée de l'Esprit de Fraternité... Élan affectueux vers ceux qui souffrent. ... Ame des mondes.

Qu'elles te disposent aux efforts énergiques, fructueux pour tous. Les hommes qui font au bien général une part de leur vie, méritent seuls le respect ; et quand l'heure du repos est venue, seuls ils sont dignes de voir venir la mort, le sourire aux lèvres, la mansuétude et l'espoir au cœur, en présence d'amis disant les mains tendues : Au revoir !

Juin 1882.

LES PRODUCTEURS

Notre travail national est sans organisation, les efforts de chacun vont à l'avénture. Du malaise qui en résulte, proviennent nos révolutions fréquentes, se succédant sans rien améliorer.

Combien d'ouvriers s'intitulant producteurs, regardant avec mépris ceux qui vivent hors du travail, vivent comme eux aux dépens du pays, sans être d'aucune utilité ! Les inutiles sont nuisibles.

Tant qu'une partie de la nation ne pourra être mise en possession de la nourriture, du vêtement, de l'habitation salubre ; être initiée à la science sociale par la connaissance des droits et des devoirs de chacun vis-à-vis de tous ; ceux qui ne travailleront pas à y remédier seront hors de leur devoir.

Sommes-nous fondés à nous enorgueillir de nos industries somptueuses, de nos travaux artistiques, sous prétexte qu'en propageant le culte du beau ils élèvent l'intelligence ? Non, car nous créons nos splendeurs aux dépens de la majorité de la grande famille ouvrière, démoralisée et décimée, entre l'ignorance et la misère, parce qu'elle est, pour ces travaux, pour ces industries, détournée des études sérieuses, des labeurs fructueux qui lui donneraient le bien-être.

Est-ce à dire que nous devons mépriser les arts, l'élégance luxueuse ? Non, mais nous devons réagir contre nos caprices, consacrer nos forces, notre valeur intellectuelle, aux travaux utiles ; tant que leur délaissement aggravera le dénuement d'une partie d'entre nous et compromettra l'avenir.

Les ressources nationales doivent d'abord être attribuées aux affamés des productions utiles, et non à ceux qui amoncellent ces matériaux taillés, sculptés, tordus, fondus, ciselés, coloriés, attirant les regards et amenant un rictus amer sur les lèvres du pauvre, qui se demande ce que ce gaspillage de matières et d'idées pourrait représenter, de produits qui lui manquent ; de souffrances soulagées.

Tant que les privations s'imposent au grand nombre, l'État doit-il, comme il le fait, favoriser avec les fonds généraux les jouissances picturales, musicales, poétiques littéraires, des oisifs que l'ennui ronge ? Doit-il dresser à chaque pas des monuments d'orgueil, des palais pour des fêtes, dont le peuple exclu paye une si large part ?

Nos travaux publics paraissent n'avoir qu'un seul but, procurer toutes les jouissances à la population oisive ; bientôt chacun des fonctionnaires anciens ou modernes, dont elle est la pépinière, aura sa statue sur la place, son buste dans un coin, l'historique de ses vertus aux bibliothèques publiques, et la symbolisation de ses faits et gestes, sur les murailles et plafonds d'innombrables monuments qui surgissent partout, dont les projets pullulent, que les concierges attendent ; pour y vivre des visiteurs riches et en éloigner les autres.

Pourquoi tant d'administrateurs entretenus inoccupés ou à peu près, au milieu de mobiliers splendides, dans des immeubles ruineux fournis par l'État ? Que font ailleurs, autour de quelques hommes laborieux, dans ces bureaux qu'ils encombrent, ces innombrables employés superflus, ruminant, gonflant les joues, paperassant, étouffant les affaires sous des formalités puériles, creusant nonchalamment les mille canaux par où s'écoulent les gains des travailleurs, la richesse du pays, le sang de ses enfants ?

Qu'est-ce que cette armée de gardiens érudits, garantissant aux vers officiels la possession privilégiée de toiles enluminées, de livres inconnus, de vieux habits de célébrités accompagnés de leurs vieux ustensiles de cuisine ou de combat ?

En attendant que sur nos promenades publiques aux fontaines altérées, chaque fleur ait son brosseur, chaque plate-bande son ingénieur ; tout amas de moellons désagrégés est appelé monument historique et possède ses conservateurs galonnés, numérotés, payés.

Qui est responsable de cet état de choses ? L'Élu qui l'ayant trouvé organisé ne peut y remédier seul et en profite ? Ou l'Électeur, préférant la torpeur inerte à l'effort studieux indispensable aux peuples qui veulent progresser, améliorer ?

Malgré son importance, le mal causé par ce désordre est insignifiant en regard de celui qu'il provoque. Voyant l'exemple d'en haut, le public le suit dans la mesure de ses moyens, y cherche une double satisfaction : éclipser le voisin, le rendre envieux. Tout va vers ce but, depuis les somptuosités du désœuvré qui ne sait les apprécier, jusqu'aux brimborions ridicules du travailleur, qui les achète en se plaignant de la gêne ou de la pauvreté.

Chacun s'efforce de paraître étranger aux travaux manuels. Pour satisfaire aux convoitises nouvelles, il est de bon ton de s'approprier le bien des autres ; mais, indirectement, avec des mains gantées et des poses olympiennes. Le labeur utile est dédaigné, ceux qui s'y consacrent sont traités en inférieurs. La fièvre des jouissances permanentes achève de détruire les derniers vestiges de loyauté. Le vagabondage intellectuel qualifié esprit de distinction, crée des légions de rêveurs se croyant poètes ou artistes, parce qu'ils sont inconscients du devoir laborieux ou sans énergie pour l'accomplir.

On suit ses goûts sans tenir compte des nécessités sociales, en faisant appel au concours de l'État qui l'accorde pour des choses futiles, des intérêts particuliers, au moyen d'accroissements d'impôts, irréfléchis, alourdissant les charges générales et paralysant peu à peu nos transactions commerciales.

Les travaux dignes d'encouragement peuvent être ainsi classés :

1º Ceux pourvoyant à une alimentation sobre, n'apportant aucun stimulant à l'appétit satisfait ;

2º Ceux contribuant à produire des vêtements solides, économiques, servant à garantir le corps et non à l'enchâsser ou à le travestir ;

3º Ceux concourant à la construction simple et durable, d'habitations salubres, et de mobilier utile aux besoins journaliers ;

4º Ceux ayant pour but la sécurité générale, la libre circulation et les facilités d'approvisionnement ;

5º L'enseignement et les recherches scientifiques, devant profiter à la vie individuelle et à la vie sociale.

Seuls les travailleurs s'y étant consacrés, ont, à différents degrés et suivant les circonstances, droit aux secours, droit à ce que leur vie, profitable à tous, obtienne, par le concours de tous, une vieillesse paisible et honorée.

Néanmoins il faut encore considérer, que même en s'associant aux travaux qui précèdent on peut rester inutile ; si une ou plusieurs des professions indiquées ont un personnel superflu dont on fait partie, tandis que les autres ne peuvent suffire aux besoins.

Tant que nous n'aurons pas sérieusement organisé un système général de renseignements, permettant à chaque père de famille de comparer les besoins à la production, nous ne saurons placer nos enfants dans les professions dont les produits sont insuffisants ; l'équilibre dans la distribution des salaires sera impossible, et la misère restera, malgré tous les efforts, la suprême directrice des évènements.

S'ils ne contribuent pas par l'échange international à procurer les choses indispensables, les ouvriers travaillant à satisfaire les goûts luxueux ou fantaisistes, dans des fabrications somptuaires, gastronomiques, artistiques, etc., ne servent pas le pays, mais une catégorie de consommateurs dont la satisfaction ne peut intéresser l'ensemble de la nation ; s'ils ont à se plaindre de leur situation, s'ils désirent des garanties d'avenir, c'est seulement à ces consommateurs qu'ils doivent s'adresser, qu'ils peuvent proposer l'organisation d'ateliers sociaux, de caisses de retraite, etc., auxquels ceux-ci donneront ou refuseront leur concours, suivant qu'ils apprécieront le plus ou moins de satisfaction pouvant en résulter pour eux.

Les ouvriers n'ayant pas su choisir un métier utile, n'ont-ils donc aucun moyen d'éviter la misère ? Si, le devoir de l'État, d'accord avec son intérêt, est de venir efficacement en aide à tous ceux voulant quitter une profession inutile, pour travailler à produire les choses indispensables qui lui manquent.

Les lois corporatives en usage avant 1789, déterminaient le nombre de maîtrises nécessaires aux principaux produits industriels, les meilleurs résultats en auraient été obtenus, si l'ignorance, la partialité et les concussions n'eussent vicié la répartition et empêché leur révision périodique. Exaspérée par les misères résultant, et de la mauvaise gestion, et des vices et des crimes nés de l'absolutisme, la France a éloigné les gouvernants qui les perpétuaient.

Aujourd'hui les méthodes économiques en usage, sont ardemment combattues, mais possédons-nous la raison, la science, la vertu, devant présider à l'application de nouvelles mesures de conservation sociale ?

La raison est l'esprit d'examen.

La science est la constatation des faits.

La vertu est l'effort ayant pour but d'être utile.

La vertu ne sait se diriger où la raison manque. La raison manque où la science n'existe pas.

Travailleurs, étudiez pour prendre sagement part à la direction générale. La liberté va devenir pour vous un fléau, si vous n'acquerrez promptement, par la science morale et la science économique, l'esprit gouvernemental. Sauf exception pour un bien petit nombre, vous vous exagérez la fortune publique, vous en ignorez les sources : par suite, vous vous exagérez votre droit à sa répartition et votre droit au repos. La production diminue, la misère approche ; et les violences l'aggraveront si vous ne savez les éviter.

LES CONSOMMATEURS

N'avons-nous pas assez de matériaux entassés sous prétexte de monuments ? Ne pourrait-on cesser de stériliser les efforts de nos constructeurs, dans des créations de palais coûtant plus cher à édifier qu'une ville de province ? Que ne fait-on plutôt construire chaque année un certain nombre de maisons modestes, qu'un vote local donnerait aux travailleurs les plus dignes ? Ces jours de vote seraient les jours de fête de l'avenir. Il y aurait là une source de travail sérieux, un élément de moralisation ; un exemple de nature à attirer ceux qui emploient leurs richesses sans réflexion. Ils penseraient peut-être à offrir des meubles utiles, des vêtements simples, des outils agricoles ou industriels, et à se donner ainsi des droits à l'affection publique.

Les amateurs de futilités grandes et petites, se croient les bienfaiteurs de leur entourage, et se disent avec conviction : Nous faisons aller le commerce. Oui, ils font aller le commerce, mais de quelle manière ?

Les uns satisfaisant des caprices journaliers par des changements perpétuels, détruisent l'œuvre de l'ouvrier à mesure qu'elle se produit.

D'autres vont désorganiser les magasins pour le moindre achat, asservissant une classe affairée qui le leur fait payer, mais ne produit rien.

Des désœuvrés aux profusions folles améliorent les races, en faisant éreinter dans des courses insensées des hommes et des chevaux enlevés au travail... En nourrissant, au détriment des infirmes affamés, des valets et des meutes auxiliaires féroces de leurs chasses cruelles et dévastatrices... En prodiguant tous les luxes à des femmes éhontées.

Quel est le nombre de ceux gaspillant chaque jour en superfluités les aliments qui manquent à d'autres?

Ils font aller le commerce, les habitués de ces fêtes de nuit, où s'évertue un nombreux personnel artistique, soufflant, râclant, pour les faire sauter en cadence, devant un nombreux personnel domestique les faisant boire et manger pendant les intervalles... Où l'on détruit en quelques heures des toilettes fastueuses représentant de longs travaux perdus... où des installations faites à grands frais, sont anéanties aussitôt sans profit pour personne. Voyez-vous tout ce monde assemblé pour aboutir à amonceler des débris? Que ne peut-on réunir sous ses yeux toutes les destructions dont il est responsable?

Chacun est libre de s'amuser et même de se tuer de plaisir avec son argent, dit-on. Ce n'est pas l'avis de tous, on tue aussi les voisins à ce métier. Le monde existe-t-il pour être dévasté par quelques inconscients? Ouvriers mal nourris, mal vêtus, qui travaillez pour un tel résultat quand la terre est stérilisée par votre abandon, êtes-vous fondés à vous plaindre de la misère? Quels sont vos droits à votre estime? A la gratitude de l'Etat? Échos dociles vous répétez : Cela fait

aller le commerce. Faire et défaire c'est toujours travailler...
Avez-vous analysé ces phrases toutes faites ? Réfléchissez !
Êtes-vous donc heureux de recevoir dix centimes pour jeter
vingt francs dans un gouffre ?

Voyez tous nos dirigeants, et le nombre en est grand, ne
pouvant, par suite des usages officiels conservés, visiter le
pays sans être instantanément entourés de mâts de cocagne,
parades militaires, poudre à canon, banquets, musique, lam-
pions, aux dépens des spectateurs effarés, quittant le travail,
s'ameutant, s'écrasant, pour jouir de ce spectacle. Il y aurait
vraiment à faire un meilleur et plus digne emploi du temps
et de l'argent.

Nous sommes habitués à ces agissements, nous ne faisons
rien pour les faire cesser. Ceux qui les blâment, sont traités
en esprits chagrins. On se tient en joie comme on peut, on
s'étourdit, on ferme les yeux. Des malheureux, pour oublier
la misère, font aller le commerce en s'enivrant, échangeant le
pain gagné contre un superflu qui les accable et les dégrade,
ils le savent, mais endort la pensée. D'autres livrent bataille
à la société qui ne sait léur faire place ; escroquent, volent,
assassinent, font aller le commerce de la police, des hommes
de loi, des magistrats et du bourreau... De temps en temps
des fêtes de bienfaisance permettent de jeter des miettes à
leurs familles.

Vous qui organisez des réjouissances pour obtenir le concours de la foule en faveur de ceux qui pleurent, comme
vous devez désirer que la lumière se fasse dans les intelligences !

L'EXPORTATION

Dès les premières années du second Empire, le développement de la concurrence commerciale étrangère, inappréciable pour le public inattentif, menaçait notre avenir industriel.

Cette concurrence s'est accrue. Notre commerce d'exportation disparaît devant elle, laissant le dénuement à nos portes. Remontons aux sources du mal.

Il y a soixante ans, le trafic extérieur de la France était presque nul. Les professions artistiques y étaient à peu près inconnues. Le luxe dans l'acception actuelle du mot n'existait pas, on ne tenait pas être brillant mais à être cossu, c'est-à-dire muni de choses utiles et solides.

Les travailleurs, d'une simplicité et d'une sobriété excessives, mettaient en valeur les ressources nationales, généralement appliquées aux productions strictement nécessaires.

Dans ces conditions la France se suffisait à elle-même, les populations ouvrières habituées à la frugalité vivaient dans une aisance relative; les misères alors humbles ou résignées, étaient rares et faciles à soulager; les misères répugnantes, insolentes, vicieuses, traînant des oripeaux malpropres, n'avaient pas encore été créées par la dépravation croissante, accouplement de l'ennui des oisifs et des tentations du pauvre. On commençait à se remettre des désastres de vingt-cinq années de bouleversement, de gloires cher payées, et de chutes profondes.

Les événements révolutionnaires de la fin du dernier siècle, avaient dispersé jusque dans les chaumières les objets mobiliers de la riche aristocratie d'avant 1789, objets créés lentement par d'habiles artisans, dont les rares produits disparaissaient immédiatement.

Quelques travailleurs intelligents étudiaient ces œuvres à peine entrevues jusque-là et, s'en inspirant, en reproduisaient les détails dans leur fabrication très-restreinte de meubles, vêtements, parures, bijoux, etc., dont ils modifiaient peu à peu les formes rudimentaires.

Mais bientôt la haute bourgeoisie favorisa ces essais qui prirent de l'extension et, dès lors, attirèrent l'attention des voyageurs étrangers.

L'attrait de la nouveauté aidant, les clases élevées des États voisins trouvèrent de bon ton, puis indispensable, de se meubler et de se vêtir à la française; leurs nombreuses commandes affluèrent et commencèrent à développer notre commerce d'exportation.

Les fabricants trouvèrent là une source de richesse facile à exploiter, et le personnel ouvrier se trouvant insuffisant, ils attirèrent les jeunes travailleurs des campagnes, facilement décidés par l'attrait de gains plus élevés et de travaux moins pénibles.

Ces travaux formaient un grand nombre de concurrents ouvrant de nouveaux ateliers, et enlevant, eux aussi et continuellement, des travailleurs à l'agriculture, dont la production diminua.

Bientôt il fallut acheter au dehors une partie des aliments nécessaires à la consommation, et cela dans des proportions importantes, car les ouvriers venus des campagnes étant mieux rétribués dans les villes, commencèrent à vivre plus largement, et les agriculteurs vendant plus cher firent de même.

Pendant vingt ans l'engouement se propagea; pour l'entretenir on accrut considérablement l'importance et la mise en scène de nos expositions nationales, créées en 1798 pour l'instruction de nos fabricants, de produits utiles. Elles furent transformées en exhibitions foraines, destinées à réunir dans un même local tout ce qui pouvait séduire les regards.

Cette période qui se développe entre les années 1825 et 1845, représente la seule phase sérieuse de notre succès commercial. Mais en encaissant les sommes considérables fournies par l'étranger en retour de ses produits industriels, la France oubliait que, se réduisant à se procurer chez lui une partie de son alimentation, elle mettait à sa merci son existence.

- Vers 1845, le nombre des ateliers de luxe extraordinairement accru, donnait une fabrication supérieure aux demandes et remplissait les magasins d'objets invendus; il fallait trouver de nouveaux débouchés, ou retourner aux travaux des champs, en se résignant à reprendre la vie d'autrefois.

Les habitudes prises ne permirent pas de s'y résoudre, on préféra chercher des expédients. Quelques rares magasins aux façades élégantes, luxueusement garnis, existaient déjà dans les principales villes. La vue journalière des objets exposés excitait des convoitises, qu'on se laissait aller à satisfaire. On développa alors ce mode d'action, des magasins furent ouverts partout, faisant concurrence aux séculaires boutiques sombres, garnies de marchandises utiles, seules connues jusque-là. Les fabricants lancèrent les voyageurs de commerce, les albums et les réclames, allant tenter en France et à l'étranger toutes les familles possédant quelque aisance. On obtint ainsi pour un certain temps l'écoulement nécessaire. Puis on circonvint les travailleurs des villes et ceux des campagnes eux-mêmes, et ne pouvant se contenter de récolter les modestes épargnes réalisées, on gréva l'avenir, en généralisant les ventes à crédit. Alors le second Empire débutait.

Ayant jusque-là vécu sur ce que l'on possédait, on se mit à dépenser à l'avance des gains problématiques, des jongleurs financiers attirèrent les capitaux disponibles, sous prétexte d'entreprises possibles et impossibles, à bénéfices immenses mais irréalisables, le fonds payant la rente, les obligations suivant les actions pour combler les déficits toujours grandissants. L'État et les communes se lancèrent dans des dépenses fantaisistes en usant des mêmes moyens.

On sait jusqu'où nous sommes allés dans cette voie. Notre effroyable quantité de papier monnaie sous tous les noms imaginables, l'indique suffisamment. On se mit à vivre gaiement, les générations futures devant payer les frais .. Avec quoi?... C'était et c'est encore le moindre des soucis, car bien que nous soyons débordés, contraints à la liquidation fatale de ce triste passé, qui cherche à y faire face? Combien s'en occupent? Chacun se meut inconscient dans le tourbillon qui l'emporte.

On vit surgir des légions d'ouvriers artistes, ne prenant pas le temps d'étudier, étrangers à toutes les méthodes ; produisant à bas prix des à peu près grossiers qui tentaient la foule et s'ingéniant pour trouver des procédés de fabrication à bon marché.

Des usiniers paysagistes, portraitistes, figuristes, ornemanistes, architectes, etc., fabriquèrent des tableaux fantastiques, des portraits grotesques, des meubles plaqués et disloqués, des antiquités destinées à être retrouvées dans des fouilles ou dans des greniers; des maisons à écroulement rapide, peintes, cartonnées et mastiquées ; le tout prôné, au nom de modes successives, par une armée de commis-voyageurs, spéculateurs, intermédiaires, emplissant les rez-de-chaussées, les places, les trottoirs et les cabinets d'affaires.

Les travailleurs s'entourèrent de productions sans durée ni valeur pour essayer de lutter de clinquant et d'extravagance, avec les classes riches donnant l'exemple. La course vers la ruine générale organisée, acquit bientôt toute sa vitesse.

Pendant ce temps, nos envois de toute nature aux nations étrangères avaient donné à réfléchir à leurs ouvriers, que périodiquement, avec une ostentation inqualifiable, nous appelions à examiner nos produits et notre outillage, dans des expositions splendides ; n'oubliant aucune occasion de froisser leur amour-propre par notre pénible esprit de vantardise. Ils s'en retournaient la jalousie au cœur et s'exagérant notre richesse nationale, créée, disaient-ils, à leurs dépens, saisis du désir ardent de s'enrichir à leur tour, de se venger de nos dédains. Leurs essais d'imitation se généralisaient, ils étudiaient nos produits, réunissaient les documents utiles, et devenaient des rivaux redoutables, devant lesquels notre prestige s'effaçait.

Tandis que des rapports officiels sans contrôle célébraient notre prospérité, le taux des vivres doublait, nos transactions industrielles ne se soutenaient plus qu'au moyen de ventes à tous prix, sources de contestations journalières entre les patrons se faisant une concurrence effrénée, forcés de stimuler les acheteurs par des concessions, couvrant leur situation par des emprunts ou par la dispersion des économies réalisées autrefois et luttant à outrance contre les ouvriers réclamant l'augmentation de salaires, qu'il fallait diminuer.

Les producteurs se divisaient en castes ennemies, se reprochant mutuellement le malaise grandissant ; condamnés fatalement à l'emploi de matières inférieures, à la mise en œuvre sans étude et sans probité.

Les populations des grands centres voyant la misère venir, ne sachant comment l'éviter, accusaient les gouvernants. Ils en étaient en effet responsables. Lorsqu'on s'impose pour gouverner, il faut savoir écarter le mal ou tout au moins savoir y remédier. Les hommes d'État cherchèrent inutilement un dérivatif dans les guerres de Crimée, d'Italie, etc. ; ils firent entrer les réclamants dans une voie sans issue, en provoquant des associations destinées à reconstruire les villes à commencer par Paris, et en donnant eux-mêmes par des constructions gigantesques sans utilité, un exemple funeste dont le résultat fut de retirer aux travaux agricoles, déjà si délaissés, leurs derniers travailleurs intelligents et d'aggraver ainsi la disette, cause première des souffrances à soulager.

Si l'on eût appliqué à l'amélioration des campagnes les sommes fabuleuses englouties dans ces dépenses, les ouvriers des villes y auraient afflué, ils auraient transformé le sol, bénéficié de leurs efforts ; la France prospère vivrait en paix. Elle n'aurait pas à étayer avec des cadavres son système financier. Des spéculateurs ne réclameraient pas sans cesse le sang de ses enfants sous prétexte d'assurer son existence.

Une éducation molle, faussée pour les besoins de la sécurité gouvernementale, contribua à éloigner les jeunes gens des travaux fatigants. On doubla, on tripla pour eux le personnel des administrations et ils pullulèrent dans les maisons de commerce, y prenant le travail des femmes. Alors la prostitution devint un métier avoué. L'étranger choisit la France pour lieu de débauche. Le luxe avait trouvé une nouvelle marchandise à lui offrir ! Un cynisme effrayant parti des hautes classes développa le mal, les industries facilitant ce genre de vie surgirent sous toutes les formes, enrichissant les gens sans scrupules. Leurs successeurs actuels n'ont pas le même succès, les dépenses et rançons de nos aventures militaires, les chomages causés par les destructions et les grèves, fruits de nos haines sociales ; la mollesse au travail, fruit de l'injuste répartition de ses résultats, et enfin le progrès continue des rivalités commerciales qui nous entourent, nous ont fait épuiser nos dernières réserves. La gêne cachée partout laisse subsister la dépravation mais restreint les largesses ; la formidable armée de la prostitution et de ses aides ne pouvant se régénérer et vivre par un travail utile qu'elle ne sait où prendre, va demander au crime les ressources que le vice ne lui donne plus.

De temps à autre des mouvements populaires visant des institutions politiques généralement mauvaises, mais considérées à tort comme causes immédiates de la misère croissante, se produisaient sans succès. Placés en tête par leurs compagnons, les meilleurs ouvriers s'y trouvaient en évidence. Après chaque tentative quelques-uns émigraient pour échapper aux poursuites, les nations rivales les accueillaient avec empressement, profitaient de leur savoir, et leurs succès industriels s'accentuaient à notre détriment.

Les actes gouvernementaux qui suivirent les évènements de la Commune, précipitèrent notre ruine. Pendant les cinq années de répression militaire, des milliers d'ouvriers exercés s'enfuirent à l'étranger, qui connut alors ceux de nos procédés restés ignorés ; de nombreux élèves s'ajoutèrent aux autres. Aujourd'hui, nous sommes entourés d'une concurrence triomphante, qui nous ferme les États voisins dont les achats nous enrichissaient, et nous atteint sur nos propres marchés intérieurs, car elle y est favorisée par l'élévation de nos prix de main-d'œuvre, de soixante à cent cinquante pour cent supérieurs aux siens.

Le manque de travailleurs est tel dans les campagnes, que malgré la rapidité d'exécution obtenue par les perfectionnements de l'outillage agricole, le chiffre de la superficie des terrains cultivés est presque stationnaire depuis trente ans. Le prix des objets d'alimentation augmente toujours. Les ouvriers déroutés paraissent ignorer encore que leur salut doit résulter du retour à la production alimentaire, qu'un cinquième de notre sol cultivable ne produit rien, que les quatre autres cinquièmes sont pour la plupart insuffisamment cultivés et livrés à la routine qui n'obtient pas la moitié du possible.

Chaque corporation ouvrière continue à exiger périodiquement des augmentations de salaire, que les fabricants réduits à emplir les magasins, à vendre à crédit ou à des prix inférieurs, ne peuvent donner ou continuer. L'inimitié entre maîtres et ouvriers est arrivée à sa phase la plus aiguë.

Une partie des produits se liquide criminellement, s'accumule dans des docks, des entrepôts, des Mont-de-Piété de toute nature, aidant les patrons à se débattre encore quelques années, au milieu des ruines de notre industrie mourante sous son fard.

Depuis cinq ans, pour nous procurer ce qui nous manque en vivres et matériaux, nous rendons à l'étranger l'argent que nous avons reçu de lui autrefois en échange de nos produits industriels.

Depuis cinq ans, nos achats au dehors ont dépassé nos ventes de cinq milliards. Le déficit ayant commencé par quelques centaines de millions, est de un milliard et demi pour chacune des années 1880 et 1881. La proportion est la même pour les mois déjà écoulés de l'année 1882.

Les rapporteurs officiels, qui ne peuvent faire autrement, reconnaissent le fait ; mais au lieu d'en conclure que, dépensant plus que nous ne gagnons, nous nous ruinons, ils proclament la France dans une situation prospère. Suivant eux, la richesse publique se développe à l'intérieur par la construction de nouvelles routes, de nouveaux chemins de fer, de nouveaux canaux, par l'établissement de nouvelles sociétés financières, etc. Bientôt la vente extérieure de nos produits perfectionnés, va prendre un nouvel essor. Notre génie national, notre supériorité artistique, littéraire, commerciale, incontestable et incontestée, etc., etc., vont produire des merveilles après cette période de repos, ne compromettant rien au contraire ; car elle est utile à la réflexion qui doit présider à nos nouvelles créations, etc., etc.

Ce ne sont ni les routes, ni les agents financiers, ni la réflexion qui manquent à la fabrication et à l'écoulement de nos produits industriels, ce sont les acheteurs et nos perfectionnements s'il en survient, seront immédiatement imités à prix réduits. Du reste, les commerçants intelligents savent à quoi s'en tenir, ils savent que notre exportation ne suffit plus à couvrir nos achats au dehors, qu'elle décroît avec une rapidité désastreuse, par suite des efforts des ouvriers étrangers nos rivaux, nos égaux ou nos copistes, et qu'il nous faut abandonner tout espoir de compensation de ce côté... On ne cherche plus qu'à soutenir la confiance, qu'à retarder le dénouement, en répétant très-haut: Tout va bien ! Et très bas, sans trop se l'avouer : Après moi qu'importe ! Nos bulletins commerciaux sont inspirés par cet esprit.

Devons-nous chercher l'extension commerciale par la colonisation, et exécuter pour ce motif des expéditions militaires lointaines ?

Avec le libre échange le commerce colonial appartient à ceux qui fabriquent à meilleur marché. Si nous fondons des comptoirs éloignés, les marchandises françaises en seront exclues, comme elles sont exclues des magasins de nos villes, d'où elles disparaissent graduellement, pour faire place à la fabrication étrangère moins coûteuse, car le stimulant commercial est l'élévation du gain et non le patriotisme. Ne nous aveuglons pas volontairement et constatons les faits.

Pour que notre extension coloniale serve à autre chose qu'à épuiser le sang et l'or français, pour le service de quelques trafiquants cosmopolites, il faudrait que l'émigration, au moins temporaire, fût entrée dans nos mœurs. Nous n'en sommes pas là, le délaissement de l'Algérie placée à nos portes le prouve surabondamment.

Cherchons d'abord la prospérité sur nos possessions actuelles, elles sont assez vastes. N'allons pas la poursuivre par des spoliations à tous les points du globe, en y laissant sans honneur comme sans profit des lambeaux de notre drapeau et de notre chair, en disséminant nos forces, jusqu'à ce que l'étranger nous trouve assez affaiblis pour pouvoir se tailler, lui, des colonies dans la France morcellée.

LA SITUATION FINANCIÈRE

En 1875 notre numéraire était évalué par certains économistes à six milliards au minimum, et à onze milliards au maximum. Ce dernier chiffre est invraisemblable, mais acceptons-le sans contester : Nous avons perdu en moyenne un milliard par an depuis cinq ans, il nous en reste six, et en nous basant sur nos achats des années 1880 et 1881 supérieurs de trois milliards à nos recettes, nous voyons que cette somme ne peut prolonger la situation plus de quatre ans. Tenons compte, si l'on veut, de récoltes exceptionnelles possibles, d'accroissement de quantités par l'accroissement des falsifications déjà si nombreuses, et si préjudiciables à la santé publique; admettons le succès de tous les expédients financiers destinés à gagner du temps : Avant six ans nous resterons devant l'étranger, sans argent, sans crédit.

Pour les transactions intérieures et pour combler les déficits, nous avons fabriqué des valeurs françaises, billets de banque, billets à ordre, actions, obligations, etc., lancées pour le succès d'opérations de toute nature ; passant, pour être garanties par des entreprises quelconque, par des objets mobiliers et des immeubles, ou par du numéraire disponible. En réalité parmi ces garanties les unes sont illusoires, parce qu'elles reposent sur des assertions mensongères ou des bénéfices éventuels, les autres, n'équivalent pas à vingt pour cent des valeurs-papiers qui les représentent. Tous ceux qui, en France, ont quelque chose à perdre, les acceptent ne pouvant faire autrement, et simulent à leur sujet une confiance qu'ils ne possèdent pas, afin de retarder le plus possible une banqueroute nationale qui les ruinera, vers laquelle nous dirigent :

nos erreurs économiques, nos guerres intérieures et extérieures, les entraînements du luxe et un découragement progressif.

L'étranger exportateur nous vendant ses produits ne veut accepter que temporairement nos valeurs-papiers ne pouvant, on le comprend, avoir chez lui un cours régulier. Il lui faut pour continuer ses opérations, échanger à bref délai ses marchandises contre une valeur sérieuse, ayant cours partout. Autrefois nous le payions avec des produits de fabrication française, qu'aujourd'hui il refuse parce qu'il fabrique lui-même. Une partie de nos achats extérieurs doit se faire l'argent à la main ; bientôt nous ne le pourrons plus. On vient de le voir.

Nous achetons annuellement pour six milliards, nous payons quatre milliards et demi avec nos marchandises, et le reste, soit le quart, avec notre réserve métallique. Donc, après son épuisement, nous devrons diminuer de vingt-cinq pour cent nos achats annuels.

Mis en regard de nos dépenses générales évaluées à douze milliards, ces vingt-cinq pour cent représentent environ douze pour cent de notre consommation actuelle. Rappelons-nous ce chiffre, dans le chapitre suivant nous analyserons ce qu'il contient de désastres.

Notre production alimentaire est en moyenne de un dixième inférieure à notre consommation, mais elle est de au moins deux dixièmes inférieure à nos besoins car il faut tenir compte du nombre d'habitants, faibles, souffrants, mourant jeunes, parce qu'ils sont insuffisamment nourris, vêtus ou logés. De plus, nous manquons de cuir, de laine, de coton, pour nos vêtements ; de fer, de bois, etc., pour nos constructions ; car, on ne saurait trop le répéter, la France, malgré les privations d'un grand nombre, est loin de produire les quantités qu'elle consomme. Nous ne parlerons pas des nombreux articles étrangers que les habitudes luxueuses ont seules rendus nécessaires, laissons cela ; mais on ne peut nier l'évidence, nous manquons de commandes, nous allons manquer de vivres et manquer de matières premières pour nos besoins urgents ; nous avons en perspective le chomage et la famine, c'est-à-dire, la misère sous sa forme la plus atroce, misère permanente et sans espérance, qui abaissera les caractères, multipliera les crimes ; placera les riches en face du couteau, les pauvres en face des balles.

LA FAMINE

Il faut envisager la situation bien en face. La plus importante partie de nos travaux industriels devient inutile, en ce sens que l'étranger qui nous l'achetait n'en veut plus.

L'arrêt dans ce genre de fabrication s'effectue lentement, la plupart des fabricants ne pouvant se résoudre à la suspension immédiate de leurs affaires continuent à emmagasiner. Néanmoins, un chiffre notable de valeurs affectées à ce commerce, est rentré en portefeuille d'où les nouvelles entreprises financières ne sont pas de nature à le faire sortir. Attirés par l'élévation croissante du prix des loyers dans les villes, les possesseurs les emploient à faire construire des maisons nouvelles, soit isolément, soit en s'associant à des spéculations de construction. On détruit de vieux quartiers, de vieux bâtiments incommodes, on les remplace par d'autres mieux disposés ; il en résulte pour ce genre d'industrie une grande activité, se traduisant en allées et venues affairées hors des ateliers, et les gens superficiels répètent à l'envi : Tout va bien, les affaires marchent.

Cette opération commerciale exagérée, étrangère à nos besoins actuels, met momentanément plus à l'aise les nombreux ouvriers qui y sont employés et en profitent pour demander des salaires plus élevés. Nous assistons à la continuation provisoire d'un mouvement d'échange intérieur, qui voile encore pour un peu de temps la décadence de notre commerce extérieur.

Ceux qui se contentent des apparences, et ils sont nombreux, attribuent ce mouvement à l'initiative de l'épargne possédant une grande quantité de numéraire. L'erreur est grande, on n'est pas vis-à-vis de l'épargne, mais seulement vis-à-vis de rentrées, produites par la stagnation commerciale, provenant de la suppression de débouchés extérieurs ; on ne fait pas circuler du numéraire, mais seulement du papier qu'on cherche à utiliser ; depuis longtemps déjà l'échange intérieur se fait au moyen de papier de banque, ne représentant plus qu'un crédit accordé par habitude, sans confiance et faute de mieux.

Pendant que les constructions s'élèvent de toute part, chacun compte sur un résultat favorable à ses intérêts. Les propriétaires en espèrent un produit progressif, les ouvriers en attendent des logements plus confortables et moins chers.

Ouvriers, les loyers ne seront pas abaissés : 1º Parce que le taux des salaires et les goûts actuels rendent les maisons neuves plus coûteuses que celles qu'elles remplacent. 2º Parce que ces maisons neuves contiendront moins de locaux que les anciennes, soit par suite de l'élargissement des voies dans les quartiers ouvriers ; soit par suite de dispositions intérieures plus spacieuses dans les quartiers riches.

Propriétaires, si les loyers augmentent, ce ne sera pas pour

longtemps. Voici pourquoi : 1° Tant que le commerce extérieur a occupé la plus grande partie de la population des
villes et payé son travail, cette population a pu vous remettre
plus d'argent que vous lui en donniez, d'autant mieux que
vous vous contentiez de la loger dans vos anciennes constructions.

Aujourd'hui, vous êtes seuls à donner du travail et par
conséquent de l'argent aux ouvriers. Il faut songer que pour
se nourrir et se vêtir, ils ont à en distraire des sommes
allant au dehors, où elles restent faute d'échange. Le travail
qui ne les possède plus, ne peut les mettre en valeur et en
servir les intérêts. Du reste, la France, achetant à l'étranger
plus qu'elle ne lui vend, entame son capital sans possibilité
de le reconstituer. Qu'est-ce que la France ? Tous les
Français.

2° On ne peut se dissimuler qu'avant peu, forcés par la situation, les ouvriers accepteront vos prix, ne pourront les
payer et refuseront de quitter vos maisons. Naturellement il
y aura lutte.

Emprisonnera-t-on en masse en mettant le reste sur le
pavé ? Il n'y faut pas penser. Accepterez-vous la situation ?
Il le faudra bien. Qu'importe, d'ailleurs, le résultat sera le
même, le travail de construction s'arrêtera, lui seul aujour-
d'hui fait vivre les villes. Qu'arrivera-t-il ?

Que ferez-vous, propriétaires sans revenus ? Et vous que
ferez-vous, ouvriers sans vivres, aujourd'hui nourris par
l'étranger en échange d'un numéraire qui va manquer?

Les campagnes produisent assez pour elles. Elles le garde-
ront. C'est sur vous, ouvriers des villes, sur vos familles, sur
vos sept millions de têtes, que la faim s'abattra tout à coup.
Répartie sur toute la nation, la disette de douze pour cent
qui nous attend représenterait six semaines sans pain, sans
feu, sans vêtements etc., mais ce sera sur vous seuls qu'elle

pèsera, vous serez sans pain neuf mois sur douze, cinq jours sur sept.

Tenterez-vous de piller les nations voisines sous un prétexte quelconque, donnant en échange les cadavres de vos fils pour fumer leur sol ? Nous l'avons naguère criminellement essayé, on nous a châtiés. Nous paraissons vouloir recommencer sur d'autres points, le résultat sera le même ; pire encore, car ruinés plus vite, vous irez plus tôt ravager les campagnes françaises où le travailleur se suffit encore à lui-même. Combien de temps cela vous nourrira-t-il ? Quelques mois, et après ? Puis, vous savez comment vous serez reçus. Voyez-vous les colères inconscientes, les yeux au regard rouge, les mains sur les armes ? Vous serez quatre millions d'hommes de femmes, d'adolescents, devant vingt millions d'autres, qui se défendront à outrance ; et la guerre sociale aura la famine pour associée.

C'est là ce que l'étranger attend pour en finir, il est prêt.

Sauveurs qui vous offrez, tribuns qui évoluez ! Qu'êtes-vous en face de cette situation ? Le grain de sable sous la roue... La France ne peut être sauvée que par elle-même... Il en est temps encore.

L'INTERNATIONALE

Depuis l'introduction du libre échange dans nos relations commerciales, nos gouvernants ont été impuissants, non-seulement à retarder la décadence de notre commerce extérieur, mais encore à protéger notre commerce intérieur contre l'envahissement des produits étrangers, auxquels leur bon marché, résultant surtout de l'infériorité des salaires, assure un écoulement privilégié.

Devons-nous modifier nos traités, garder rigoureusement nos frontières et frapper les produits industriels étrangers par un impôt les grévant assez, pour qu'ils ne puissent être vendus chez nous concurremment avec les nôtres ?

Non, une partie de notre production industrielle s'écoule encore, quoique de plus en plus difficilement il est vrai, chez les nations voisines, qui répondraient à nos mesures restrictives, en lui imposant des taxes qu'elle ne pourrait supporter.

Une telle mesure achèverait brusquement la ruine de notre industrie, et nous imposerait sans transition une révolution économique, en opposition complète avec nos mœurs actuelles. Il nous faudrait abandonner instantanément notre liberté commerciale intérieure, afin de régler notre production sur nos besoins, en déterminant le nombre d'ouvriers devant être affecté à chaque espèce de travail.

Non-seulement notre caractère s'arrangerait peu de cette réglementation autoritaire, imposant presque, à chaque individu un métier déterminé; mais il y aurait encore un autre et insurmontable obstacle. Pourrions-nous assurer la régularité de notre production alimentaire ? Non, de mauvaises récoltes, des maladies sur le bétail, pourraient fréquemment nous constituer en état de famine ; l'histoire de notre passé le prouve suffisamment. Pourrions-nous alors nous pourvoir par des achats à l'étranger, en offrant du numéraire en échange ? Nous savons ce qui nous en reste, cela ne nous mènerait pas loin.

La suppression du libre échange aurait pour résultat : 1° la suppression de nos libertés ; 2° des famines inévitables, c'est-à-dire : révolutions et guerres permanentes.

Nous avons vécu autrefois sous le régime de droits protec-

.teurs presque exclusifs ; mais alors notre bien-être était beaucoup moins développé. Sommes-nous disposés à le restreindre ?

La situation actuelle ne permet aucun remède susceptible de produire rapidement un résultat complètement satisfaisant. Faisons face aux difficultés entrevues par l'abandon partiel des travaux de luxe, par le retour aux travaux de productions alimentaires et autres de première nécessité.

Que n'avons-nous une législation autorisant les associations internationales de travailleurs, illégales aujourd'hui ? Le haut commerce, les financiers, le clergé possèdent cette organisation. Il serait juste de la tolérer pour tous ceux qui ont un but avouable : les ouvriers sont du nombre, en outre, elle est pour eux plus que pour d'autres d'une urgence absolue.

Qu'on ne s'y trompe pas, les membres honnêtes des nations libres ou soumises, et les directions politiques, démocratiques, y trouveraient de puissants auxiliaires. Les directions spoliatrices, voulant isoler chaque peuple dans un coin de territoire pour l'exploiter tant qu'il possède, et pour l'envoyer piller les voisins, lorsque trop pressuré il a besoin de se refaire, ont seules à la redouter.

L'antagonisme mutuel des gouvernements, ayant des chefs héréditaires, menant à leur suite des aristocraties privilégiées est un fait acquis. La poursuite des richesses, des privilèges qu'ils veulent s'attribuer au détriment les uns des autres, ne leur permet pas de concilier les intérêts des peuples. C'est donc aux différents peuples qu'incombe la tâche de s'entendre directement entre eux.

La plupart des nations possèdent une surabondance de produits spéciaux, que l'organisation du travail leur permettrait d'exporter et dont le libre échange à des prix équilibrés, répandrait sur le monde la prospérité, assurerait aux peuples la paix qui en résulte.

Pour équilibrer les prix de vente, il faudra d'abord équilibrer les prix de fabrication. Nous aurons donc à nous concerter avec les travailleurs étrangers, voulant comme nous, propager les idées libérales, voulant donner à chacun, avec la conscience de ses devoirs, la conscience de ses droits au bien-être et les moyens de l'obtenir par l'immense force, résultant de l'instruction et de l'association : par la correspondance internationale des travailleurs; par la vulgarisation des meilleures méthodes, des meilleurs outillages, des moyens de transport économiques ou rapides; afin de préparer autant qu'il se peut l'établissement de salaires uniformes, pour la même quantité de travail utile, quelle que soit la nature du produit utile en résultant.

Ne nous préoccupons pas de l'éloignement du but. Préparons la révision des lois, nous interdisant de concourir à l'alliance fraternelle des peuples civilisés par l'entente entre les principaux groupes producteurs. Espérons qu'un jour cette alliance sera conclue, mettra un terme aux perfides et sanguinaires agissements des diplomaties dynastiques, donnera aux hommes de bonne volonté l'abondance dans le travail et la paix, inspirera à tous l'enthousiasme pour les idées généreuses, accroîtra en nous l'amour de la France, de la patrie anoblie et désormais sauvegardée.

LA RÉVOLUTION SOCIALE

Ouvriers qui désirez une révolution sociale, vous avez raison, il en faut une. Faites-la le plus vite possible, mais réfléchissez-y d'abord.

La révolution sociale ne peut surgir des barricades entre le sifflement des balles, le bruit du canon et les cris des mourants. Elle ne peut non plus sortir tout à coup de l'urne électorale. Elle viendra vers vous au fur et à mesure de la transformation de vos idées et de vos mœurs, lorsque vous serez bien convaincus que votre travail et celui des agents nationaux, doit être exclusivement appliqué à donner le nécessaire à tous, et qu'il vous faut l'assurer avant de songer au superflu. Le triomphe révolutionnaire est là.

Souvenez-vous des efforts du passé. Souvenez-vous des révolutions précédentes. Vous vous rappellerez qu'après la destruction la foule s'égare dans les ruines qu'elle a faites... Que les plus ardents d'entre vous, ceux auxquels il n'a manqué que le calme pour prendre rang parmi les plus nobles apôtres du progrès, ont été conduits par elle : aux pontons, aux pénitenciers coloniaux, au bagne, et souvent hélas ! au poteau d'exécution.

Aujourd'hui comme alors, la foule est la même. Elle ignore. Qui lui donnera l'Idée ? Qui lui apprendra à édifier avant de détruire ? A l'œuvre, éducateurs ! Faites de ses enfants ce que les éducateurs du passé, confinés dans un immuable système, ont trop prouvé qu'ils ne pouvaient faire d'elle : Une réunion d'intelligences.

Jeunes ouvriers, qui réclamez des moyens d'association, que ce soit surtout en vue de l'association agricole. Réunissez-vous par groupes, demandez des concessions de terrain desquelles vous puissiez devenirs possesseurs, des instructeurs pour diriger vos premiers travaux, des subventions à titre de prêt pour suffire aux premières dépenses et attendre les résultats. Pétitionnez jusqu'au succès. Grâce à d'intelligents outillages, les fatigues excessives d'autrefois sont supprimées, vous saurez les amoindrir encore. Grâce à la presse, aux communications rapides, malgré votre éloignement des villes, la vie intellectuelle continuera parmi vous, et vous saurez la développer. Vous mettrez en communauté les moteurs puissants. Vous établirez un système de garantie mutuelle vous mettant à l'abri des désastres locaux, des pertes de récoltes ruineuses pour les imprévoyants repoussant la solidarité. Colonisez la France, les terrains sans culture y sont nombreux, et plus nombreux encore, ceux qui, faute de bras et d'études, sont imparfaitement cultivés... Colonisez nos possessions algériennes, créez là une jeune France aux larges horizons.

Jeunes pères de famille auxquels l'âge laisse encore de longues années de vigueur, joignez-vous à, vos jeunes amis. Quittez, s'il est possible, ces cités opulentes, bagnes du travailleur, où les enfants s'étiolent, où germent les faux orgueils, les haines hypocrites, les vices, les désespoirs, les morts prématurées. Ne contribuez plus à propager ce luxe qui donne la misère. Fécondée par l'association d'efforts intelligents qui lui sont inconnus, la terre endormie se réveillera, et vous donnera bientôt généreusement le bien-être qui fera de vous des hommes heureux et de vos enfants des hommes libres. La liberté croît lentement au milieu des vieilles civilisations, où la lutte contre le passé doit précéder chaque pas en avant ; mais son épanouissement peut être rapide sur les sols vierges.

Si nous sommes malheureusement forcés de conserver une armée permanente, que ce mal devienne un bien ; qu'il nous serve à accélérer le mouvement régénérateur. Que nos jeunes gens qui se croisent les bras, se démoralisent et se désespèrent dans nos casernes, soient campés pendant les meilleurs mois de l'année, et moyennant un salaire se capitalisant pendant la durée du service, qu'ils soient employés aux travaux de défrichement et de culture. En quittant l'uniforme, beaucoup voudront l'air libre. Parmi ceux-là, travailleurs de la terre, les uns deviendront vos utiles collaborateurs, les autres, attirés par les grands espaces où les jeunes pensées s'aventurent, auront assez appris pour travailler à féconder nos terres

africaines. Là, en face de la patrie encourageant par des subventions nationales, les efforts de ses généreux enfants, ils
formeront des centres agricoles n'ayant rien à redouter, car ils
sauront cultiver et combattre.

Pour remédier au présent et préparer l'avenir, il faut à la
France des administrateurs réagissant contre le luxe général,
par une simplicité dont ils donneront l'exemple, abaissant les
hauts traitements, recherchant les économies et refusant
momentanément toute allocation nouvelle n'ayant pas pour
objet : les écoles primaires, l'extension de l'agriculture et les
écoles d'apprentissages utiles, dotées de cours professionnels
enseignant les sciences spéciales.

Il faut à la France des administrateurs se préoccupant
d'attirer de nombreux ouvriers aux travaux des champs.
En faisant construire des routes, des maisons rurales, partout où les bras manquent. En faisant dans une sage mesure
les avances d'outillage et de produits nécessaires aux premiers
travaux. En subventionnant sérieusement des professeurs
agricoles, ouvriers du sol, fonctionnant sur le terrain,
afin que les ouvriers des villes, travaillant sous leur direction,
puissent produire immédiatement. Il n'est pas de commune
qui ne puisse fournir au-moins un cultivateur, acceptant cette
noble mission, et capable de la remplir.

Fondons de nombreuses écoles pratiques pour l'étude de
l'agriculture, qu'elles soient ouvertes à tous, sans études littéraires exigées aujourd'hui. Est-il donc besoin de connaître au
préalable : Racine, Hérodote et Quinte-Curce pour tracer un
sillon ?

Réagissons contre le luxe et ses entraînements. Apprenons
à ceux qui l'ignorent que la famine est à nos portes. Faisons
savoir aux enfants, que les travaux de luxe ne pourront les
faire vivre. Faisons une révolution sociale ! Avant de songer
aux futures générations industrielles : créons une génération
de laboureurs.

Alors, dans un prochain avenir, la France puissante et libre sera fraternellement unie dans la paix, fille de l'abondance.

Ne persistons pas à suivre les fratricides voies politiques et économiques dans lesquelles nous sommes engagés, non avec le flambeau qui éclaire, mais avec la torche qui incendie, sinon bientôt, pâles de honte, courbés sous une coalition formidable de rois attirés par l'odeur du sang que nous allons répandre, et conduisant à la curée leurs peuples inconscients ; nous entendrons ce cri suprême de l'orgueil étranger se partageant le sol : La France est morte ! Alors nous subirons l'écrasement. Rappelez-vous la Pologne, dont les derniers cris de douleur nous faisaient tressaillir il y a quinze ans, dont le dernier râle résonne encore à nos oreilles... Ceux en qui survivait l'âme de la patrie étaient massacrés. Il était interdit de pleurer ses martyrs. Vous souvenez-vous !... Il en sera de même pour nous. Puis ensuite, pour indemniser nos maîtres des frais de la lutte, les impôts seront doublés. Sera-ce notre industrie impuissante aujourd'hui qui les paiera ? Bétail sans nom, destiné à enrichir les vainqueurs jusqu'à l'absorption par les nations victorieuses, pour ne pas mourir de faim et suffire à cette dette : Nous irons, tête baissée, travailler la terre en esclaves ; nous serons les jouets de soldats abrutis qu'il faudra nourrir, dont nos filles satisferont les bestialités, qui souilleront le pain qu'ils nous laisseront, et vaincront les résistances en nous dirigeant comme on dirige les bêtes de somme, comme étaient dirigés nos aïeux ; l'injure à la bouche et le fouet à la main, devant les femmes insultées, les enfants avilis. La mitraille et le gibet auront raison des révoltés... Puis, un jour... notre agonie nationale prendra fin... Nos fils, résignés, dressés pour le servage, seront poussés à l'avant-garde contre les derniers défenseurs du droit.

La France aura vécu.
La Liberté en larmes aura fui pour jamais.

LE FUTUR GOUVERNEMENT

Après avoir supprimé la royauté, des politiciens facétieux firent inscrire sur les drapeaux, sur les monuments, les mots : RÉPUBLIQUE FRANÇAISE. LIBERTÉ , ÉGALITÉ, FRATERNITÉ; et, depuis lors, le peuple attend impatiemment le bien-être que la vertu de cette inscription lui paraît devoir produire.

Que penserait-on d'un indigent écrivant sur sa porte : *Maison de banque*; puis, se croisant les bras, attendant les versements, les yeux fixés sur cette enseigne?

Ouvriers, ne peut-on dire à bon droit à beaucoup d'entre vous : Vous vous croisez les bras? Vous poursuivez le progrès dans les mots et non dans les actes ?

Si, malheureusement ! Tant qu'il en sera ainsi, n'espérez aucune amélioration. Pour les obtenir, le concours de toute la nation est indispensable, il est vrai ; mais c'est à vous, qui devez en bénéficier, à accomplir les premiers efforts.

De qui donc attendez-vous ces efforts nécessaires ?

Les riches possédant la force que donnent l'organisation et la science, vont-ils s'empresser de s'en dessaisir pour faciliter l'exécution des menaces qui leur sont prodiguées?

Vos compagnons de travail avec lesquels, pour le moindre avantage, vous échangez journellement des procédés malveillants, sont-ils mieux disposés pour vous que vous l'êtes pour eux ?

Vos voisins, plus malheureux que vous, s'ils détestent les riches, ne vous détestent-ils pas plus encore en retour de vos railleries et de vos dédains? Constatez-le : les appétits dominent plus que jamais, les principes fraternels sont méconnus; et, dans ces conditions : Chacun est le riche, chacun est l'ennemi, pour plus pauvre que lui. Interrogez-vous !

Espérez-vous mieux d'enfants envoyés l'école sans souci de la direction donnée à leur intelligence, placés avec indifférence dans un métier quelconque, livrés sans surveillance efficace à la merci d'inconnus qui les malmènent; d'abord machines à travailler, étrangers au travail intellectuel qui permet de concevoir et de diriger; puis à vingt ans, machines à tuer ou à servir de cibles, chargeant et déchargeant leurs armes au commandement, sur n'importe qui, sans savoir pourquoi? Non, si vous n'agissez pas, n'espérez rien d'eux, que leur mépris lorsqu'ils pourront réfléchir.

Une génération ainsi préparée fera-t-elle autrement que vous? S'occupera-t-elle des questions que vous délaissez? Saura-t-elle donner aux vieux travailleurs de l'avenir le bien-être manquant à ces vieillards qui vous entourent? Hier ouvriers robustes, aujourd'hui souffreteux, exténués, vêtus de haillons, sachant qu'ils sont pour vous un fardeau trop lourd, et cachant leurs yeux rougis dans le coin sombre où ils meurent lentement, enfiévrés par la faim et par la honte d'un passé sans efforts.

Que ne recherchez-vous les moyens d'arriver graduellement à l'aisance générale, qui se produirait rapidement, si vos enfants menaient de front le travail manuel et les études professionnelles : dessin, géométrie, comptabilité, géographie commerciale, physique, chimie, géologie, etc., suivant le métier choisi. Si, réciproquement, vous vous engagiez à les traiter en élèves dont le temps est précieux pour l'avenir, et non en porte-charges. Si vous vous engagiez à les respecter, à les traiter en intelligences destinées à régénérer, à vous donner une vieillesse heureuse, et non en êtres destinés à perpétuer l'insouciance et la grossièreté.

Que ne contrôlez-vous l'emploi des impôts qui grèvent vos salaires? Que ne vous assurez-vous si l'équité, la sagesse, ont inspiré les lois réglant vos rapports sociaux?

Vous vivez dans l'apathie, attendant tout du hasard ou des efforts de mandataires impuissants sans votre actif et continuel concours; car, la plupart d'entre eux ignorent les détails qui vous concernent. Ils ne peuvent que développer et sanctionner les mesures que, comme chefs de famille, vous avez le devoir d'étudier et de réclamer.

A quoi aboutiront les projets économiques, tant que l'encombrement actuel des professions industrielles forcera à pourvoir à votre existence par des travaux inutiles, onéreux, ne correspondant ni aux ressources de la nation, ni à vos besoins, qui sont d'abord : le pain, le vêtement, l'instruction; et non les maisons luxueuses, les objets d'art, les bijoux, les habits somptueux, les monuments publics, les parades gloutonnes ou tapageuses.

Tant que l'instruction sociale fera défaut aux travailleurs, ils resteront ou retomberont fatalement à la merci de la minorité instruite, sachant s'organiser, disposée par l'égoïsme humain à maintenir sa supériorité, en maintenant l'ignorance du grand nombre et à en abuser; en faisant travailler, vivre ou mourir à son profit, le troupeau d'individualités appelé « Peuple ». La paresse intellectuelle du peuple leur rend la tâche facile.

Pour qu'il en soit autrement, il faut qu'une instruction suffisante permette à ce peuple de se grouper, de discerner les actes abusifs, de les prévenir ou de les punir immédiatement. Alors l'égoïsme des classes actuellement supérieures, produira de bons résultats; car, se sentant impuissantes à se soustraire au jugement et au châtiment, cet égoïsme leur fera comprendre, qu'elles auront désormais plus d'avantage à coopérer qu'à exploiter. Ce sera ainsi que le mieux durable s'obtiendra. Il est inutile de le chercher en dehors de l'instruction générale ayant pour but : l'égalité dans la science sociale, c'est-à-dire dans l'étude des rapports des hommes entre eux. L'organisation du travail, basée sur les besoins matériels et intellectuels, en sera le premier résultat.

Un gouvernement, quelle que soit sa bonne volonté ou son titre, ne peut donner la liberté aux ignorants. Pour la mériter, il faut connaître ses droits et ceux des autres. « Tous pour chacun, chacun pour tous. » Telle doit être la règle, car les actes de chaque individu intéressent le voisin qui, lui aussi, a droit au respect de lui-même et de son indépendance ; droit à ce que, sous prétexte de services illusoires, de besoins vrais ou factices, la fainéantise ne prélève pas un impôt sur son travail ou sa fortune.

Une nation, pour être libre, doit pouvoir définir et régulariser l'exercice de la liberté; pouvoir procurer à chaque participant au labeur social la somme de bien-être, équivalant à la somme de travail fournie par lui s'il est valide; équivalant à ses besoins lorsqu'il ne l'est pas, ou ne l'est plus.

Le travail se divise en travail intellectuel et en travail corporel ou manuel.

Un certain nombre ne participe ni à l'un ni à l'autre, et est défavorable à toute mesure pouvant l'obliger à produire.

Le plus grand nombre ne donne qu'un travail machinal et prétend, néanmoins, aux avantages réservés aux travaux réunis du corps et de la pensée. Il oublie que cette réunion a exigé une préparation doublement laborieuse, et qu'elle nécessite un labeur prolongé pendant qu'il repose....

D'autres enfin se livrent à l'étude, mais en éloignent les masses qu'ils prétendent diriger.

Il y a donc fort à faire pour obtenir de chacun l'appréciation exacte, impartiale, du droit commun devant produires l'égalité. Il faudra de longues années de luttes, avec les autre et avec soi-même, pour l'obtenir. Ceux qui la prometten immédiate, par la destruction brutale de ce qui existe, ont le cerveau troublé par la colère ou les convoitises.

Il faudra, auparavant, que chacun règle sur les nécessités générales ses goûts et ses habitudes; apprenne à raisonner ses actes, pour les rendre utiles et en écarter ce qui pourrait nuire aux autres.

Quelle est la base du raisonnement? La science permettant de distinguer ce qui est possible de ce qui ne l'est pas, ce qui est mauvais de ce qui est bon. A la science doit se joindre la vertu, c'est-à-dire la volonté de bien faire, de laquelle naît l'accomplissement du bien.

Chaque groupe, avant d'exiger ce qui lui paraît une amélioration, doit s'assurer qu'elle n'est pas doublée d'une injustice, provoquant une résistance légitime.

On ne peut donc espérer de progrès sensible avant que la majorité ait acquis la science d'envisager, de connaître les devoirs impérieux imposés par la vie de famille ou la vie sociale, et ait sans arrière-pensée procédé à leur accomplissement.

Nos désirs nous font croire à la possibilité de progrès rapides. La science du passé, la réflexion, nous démontrent que tout accroissement de bien-être général procède de la réforme graduelle des mœurs et des habitudes d'un peuple; réforme que les lois peuvent consacrer mais non produire. Que servirait d'édicter que tout citoyen sera pourvu du nécessaire, tant que la production indispensable à y faire face sera insuffisante!... C'est là où nous en sommes.

En étudiant ce que les agissements des autres ont de défectueux, étudions ce que les nôtres ont de mauvais, et agissons ensuite.

Comment apprendre à connaître ses devoirs et à concilier les intérêts divers?

En organisant des réunions ouvertes à tous, pour traiter les questions communes, décider des mesures à prendre, et donner des indications précises à ceux qui auront accepté le mandat de représenter la nation.

Alors seulement il y aura un gouvernement républicain, ou plutôt un gouvernement démocratique, c'est-à-dire le gouvernement de tous par tous.

LES COMITÉS D'ÉTUDES

Le premier effort doit avoir pour but la formation de comités permanents d'études sociales, recrutant des adhérents dans chaque localité, cherchant les solutions intéressant le groupe, la région, les affaires générales.

Par leurs relations multiples, ces comités se généralisant, trouveront facilement des députés résolus à faire consister leur mission en une représentation réelle des volontés nationales, et à en provoquer l'expression fréquente, soit en réduisant à une année la durée du mandat législatif, soit par des démissions annuelles, qu'ils rédigeront à l'avance, signeront et déposeront en acceptant la candidature.

Le rôle individuel des représentants aux différentes Assemblées est presque nul, on l'a pu voir jusqu'à présent. Les meilleures intentions sont méconnues ou paralysées. Des hommes qui désirent le progrès, paraissent à l'œuvre, inactifs, hésitants, cherchant leur voie. Pourquoi? Voici : Élus par des électeurs inconnus dispersés après le vote, ils sont restés seuls devant l'immense tâche qui leur incombe. La création d'un régime démocratique, économique, égalitaire, ayant pour but par le développement intellectuel : la paix intérieure et extérieure, l'accroissement et la répartition équitable de la fortune publique.

Troublés par des récriminations contradictoires, ils sont impuissants à dominer les convoitises égoïstes qui s'agitent autour d'eux, sous toutes les cocardes connues.

Il en sera de même tant qu'ils ne seront pas soutenus et dirigés par leurs mandants réunis en comités, toujours prêts à l'étude et à la manifestation des décisions en résultant.

Ce n'est pas à nos députés à étudier à fond les innombrables questions qui nous réunissent ou nous divisent. Quels qu'ils soient, la compétence comme le temps, leur manque pour cela.

Quoique visible à tous les yeux, le but est loin, les routes sombres, il faut éclairer la marche, c'est-à-dire se mettre d'accord sur ce qu'on désire, sur les moyens à employer pour l'obtenir, et passer alternativement du conseil à l'action.

Est-il nécessaire d'être représenté par des hommes supérieurs ? Non, les gens simplement honnêtes valent beaucoup mieux. Où sont-ils, les hommes supérieurs, écartant l'intérêt personnel en face des intérêts généraux, capables d'élucider seuls les questions et de les résoudre par le détail ? Qu'on ne s'arrête pas sans examen à des réputations de ce genre, établies par des intérêts isolés et proclamées par des naïfs.

Les idées régénératrices ne peuvent être contenues, avec tous les développements qu'elles comportent, dans le cerveau de quelques individus. Le bonheur d'un peuple qui n'est plus à l'état de troupeau, qui a des idées et non des instincts, ne peut résulter des étroites conceptions d'un homme, d'une famille ou d'une caste veillant sur ses privilèges. Mais avons-nous des idées ? avons-nous des instincts ?

L'instinct veut les jouissances immédiates par la ruse ou la force, sans préoccupation des conséquences, sans souci de justice ni d'avenir.

L'idée recherche le mieux durable par l'étude, la réflexion, la prévoyance des résultats, la concordance des intérêts et le respect de l'équité.

L'instinct attire les dirigeants, l'idée les collaborateurs.

Où en sommes-nous?... Travailleurs, vos actes répondront !

Les théoriciens politiques, les économistes, vivent ordinairement dans un milieu favorisé, ne voyant qu'un côté des choses, dédaignant l'opinion générale et ses manifestations, enfermés dans un cercle d'idées au-delà duquel ils ne voient rien. De même que les partisans de politiques séculaires, ils sont déplacés dans le gouvernement d'une nation libre, ce gouvernement devant s'inspirer des événements et non d'un système, et être pour cela continuellement en contact avec le seul directeur ayant droit d'agir.

Ici, ce directeur c'est tout le monde, c'est la France, et alors, sous peine de voir le mal s'éterniser, s'aggraver, tous les hommes capables de penser doivent envisager les mesures à prendre, étudier les réformes à accomplir, tout le monde doit se mettre à l'œuvre.

Promoteurs ou admirateurs de systèmes individuels anciens ou nouveaux, donnez votre grain à la terre, votre idée à la foule, afin qu'elle la fasse fructifier. Sinon : faites ce que vous voudrez, acclamez des noms, chantez vos espérances, provoquez l'enthousiasme; vous n'aurez qu'un jour sans lendemain. Après vos élans et vos fêtes, vous retomberez toujours en face des mêmes luttes, des mêmes angoisses, des mêmes misères.

Hommes du travail, cherchez par l'étude la réalisation d'un état meilleur. Sinon, vous ferez ce que vous avez toujours fait après vos victoires, incapables de constituer vous vous remettrez aux mains des habiles; et, comme toujours, ils vous replongeront dans le passé.

Quelles que soient leurs divergences sur les moyens d'opérer, les coteries politiques sont mues par le même principe : S'enrichir par le concours de tous, obtenu par la force ou la persuasion.

Leurs hommes en place appellent devoir, tout effort des autres pouvant les y maintenir.

Leurs hommes sans places appellent devoir, tout effort des autres pouvant leur en procurer.

Les améliorations ne s'accompliront que par les incessants efforts des intéressés, se traduisant en procédés énergiques et en groupements importants, imprimant la crainte aux malintentionnés, les forçant à réfléchir. Elles ne peuvent résulter de protestations oratoires, quelle qu'en soit l'éloquence, ou d'efforts intermittents, quelle que soit leur vigueur. La raison comme l'histoire en prouve surabondamment l'insuffisance, sinon la stérilité.

Combien de bonnes idées perdues, faute d'une formule régulière d'expression, ou du concours nécessaire pour les produire ! Des comités les révèleront, grouperont les forces qu'elles contiennent, les mettront en valeur.

Que vos comités organisent des conférences fréquentes, s'affirment par la presse, par la parole, et en faisant sanctionner leurs décisions et leurs motifs par des assemblées générales et par des pétitions répétées. Qu'ils fassent appel à toutes les forces que peut fournir le nombre par les collaborations intellectuelles et pécuniaires.

Par la pratique de la solidarité, par la publicité donnée aux services rendus, qu'ils luttent contre les procédés plaçant leurs délégués ouvriers entre la misère et le silence, et leurs délégués indépendants entre la défaillance et les outrages.

Que le programme général soit : Étude réfléchie et propagation ardente de doctrines économiques impartiales; instructions précises aux mandataires. Puis, persévérance et surtout patience, si l'on veut améliorer et non dévaster, car rien n'est organisé pour permettre de remplacer avantageusement par un seul effort, des usages nationaux consacrés par plusieurs siècles, dont la foule mal instruite subit encore l'influence; où pour séparer brusquement ces usages des abus qui y ont été si savamment et si intimement liés.

Par le raisonnement, par la vulgarisation des idées, comblons autour de nous le vide intellectuel ; abîme funeste derrière lequel se retranche le mal, abîme profond qu'il faut franchir pour vaincre. Agissons, et surtout engageons nos enfants dans le mouvement.

Par des conférences spéciales, régulières et répétées, dirigeons et surveillons avec une sollicitude active leur instruction sociale, pour qu'en eux, le sentiment de la justice et celui de la solidarité grandisse avec eux.

Surveillons non moins instamment leur instruction professionnelle, car l'exercice intelligent du travail utile est le premier, le principal agent de tout bien-être; toutes les volontés doivent avoir pour objet d'en provoquer l'extension, et en dehors de l'aide fraternelle due aux malheureux, toutes les lois doivent avoir pour but la répartition équitable de ses fruits, entre ceux qui en assurent la production : instructeurs, producteurs à tous degrés, serviteurs du pays représentant ses volontés, et garantissant sous sa direction, sa sécurité et ses droits.

LE RETOUR AUX TRAVAUX AGRICOLES

Tandis que la moyenne des droits protecteurs industriels est supérieure à dix-huit pour cent, la moyenne des droits protégeant notre agriculture, est inférieure à trois pour cent. Pourquoi cette excessive différence ?

La réponse est facile. Les ouvriers des campagnes sont généralement résignés et souffrent en silence. Il n'en est pas de même de l'ouvrier des villes, et les droits élevés qui protègent son travail, sont destinés à lui permettre d'écarter les concurrents étrangers ; afin de lui éviter le chômage qui l'entraînerait aux excès révolutionnaires. C'est bien quelque chose, mais ce n'est là qu'une demi-mesure.

Possesseurs d'immenses espaces, produisant presque sans culture et sans fumure, les cultivateurs américains, dont les impôts nationaux sont insignifiants comparés aux nôtres, envahissent peu à peu, avec leurs céréales et leur bétail, nos marchés librement ouverts ; et les agriculteurs français abandonnés sans taxe protectrice dans cette lutte inégale ; se laissent aller à un découragement nous présageant de désastreux résultats.

Si l'ouvrier veut du travail, c'est pour se procurer des vivres ; actuellement l'étranger supplée à l'insuffisance de notre production agricole, mais aucun économiste n'ignore que notre industrie sera bientôt restreinte aux seules ventes intérieures et alors ne nous donnera plus le numéraire nécessaire à la continuation de nos achats extérieurs. Ce dénouement rapproché est inévitable. Préparons-nous rapidement à nous nourrir nous-mêmes.

Il paraît indispensable que des droits de douane qu'on peut évaluer à dix pour cent, soient imposés à tous les produits alimentaires, amenés en France pour y être vendus concurremment avec les nôtres ; mais vu l'insuffisance actuelle de ces derniers on dégrèverait annuellement les premiers arrivages étrangers jusqu'à complément de la quantité manquant à notre consommation. Ces arrivages achetés par l'Etat, seraient livrés au commerce au prix moyen établi sur nos marchés intérieurs.

Nous devons toujours pour les mêmes motifs chercher à

utiliser les moindres parcelles de notre sol. Une loi permettant à l'Etat d'exproprier, d'après évaluation d'expert, tout propriétaire de terrain laissé improductif paraît imposée par la situation.

Ces mesures seraient complétées par une loi autorisant l'Etat, à créer pour les ouvriers mariés, ayant de 25 à 35 ans au moment de la prise de possession, des propriétés agricoles d'une contenance moyenne de cinq hectares ; avec bâtiment, matériel d'exploitation et avances nécessaires ; le tout franc d'impôt et de loyer pendant trois années, puis ensuite avec impôt et loyer de deux et demi pour cent du montant des dépenses faites, servi pendant vingt ans, et les constituant propriétaires à la fin de cette période. Une commission agricole choisie dans chaque commune, procéderait tous les trois mois à une visite générale ; l'entretien serait dès le début à la charge des occupants. Tout ce qui péricliterait serait remis en état aux frais du possesseur. La distribution des propriétés s'effectuerait par voie de tirage au sort entre les candidats remplissant les conditions d'admission. En cas d'impossibilité de continuation de culture d'une propriété, par suite de décès ou de maladie, la cession en serait autorisée par voie d'adjudication au profit du cessionnaire ou de ses héritiers.

Ressources territoriales.

La superficie de la France est égale à cinquante-trois millions d'hectares, sur cette quantité, environ neuf millions cinq cent mille hectares sont boisés : Deux millions cinq cent mille hectares sont occupés par les eaux, les routes, les constructions. Trente-quatre millions cinq cent mille hectares sont couverts par les différentes cultures de produit et d'agrément et occupent six millions de familles rurales, représentant une population évaluée à vingt-cinq millions.

Six millions cinq cent mille hectares sont incultes, sur cette quantité, cinq millions cinq cent mille hectares pourraient être mis en valeur, aménagés et divisés successivement.

Cinq cent mille hectares seraient affectés aux communications, routes, canaux, etc., et aux terrains communaux. Un million cinq cent mille hectares pourraient être consacrés au reboisement devenu d'une nécessité impérieuse. Un simple détail le démontrera : « L'entretien des traverses de nos chemins « de fer exigeait, en 1877, l'abatage journalier de 700 de nos « plus beaux arbres ; soit 252 mille arbres par an, fournissant « en moyenne chacun dix traverses (*Rapport du Jury in-* « *ternational. (Exposition de 1878)*. Depuis, l'importance de « nos lignes ferrées s'est accrue et s'accroît encore, on peut « prévoir que d'ici à quinze ans nous arriverons, pour ce seul « usage, au chiffre de mille arbres par jour. »

Il resterait trois millions cinq cent mille hectares permettant de créer 700 mille petites propriétés agricoles, d'une contenance moyenne de cinq hectares. Avec une création annuelle de cinq mille de ces exploitations, il s'écoulerait 140 ans avant l'utilisation complète de ce terrain. C'est sur ce chiffre que va être basée ci-après, l'évaluation des dépenses pour chaque année afin qu'elles puissent, ainsi qu'on le verra, être entièrement convertes sans toucher aux ressources actuelles de l'Etat. Mais il est à espérer, qu'une étude approfondie de la répartition du budget, permetira, sans que personne en souffre sérieusement, d'en distraire la somme nécessaire pour distribuer annuellement quinze mille de ces propriétés.

Nos voisins ont opéré des transformations plus difficiles : L'Angleterre a conquis sur l'Océan et endigué sept cent mille hectares. La Belgique a poursuivi le même résultat par des travaux considérables et la Hollande a conquis une partie de son sol sur la mer. Plus favorisés, nous avons devant nous un sol libre. Qu'attendons-nous ?

« Là même quantité de chaleur, de pluie, dit M. Durand
« Claye, vient baigner l'hectare stérile comme l'hectare en
« culture. C'est trop souvent l'homme qui n'utilise pas les
« forces mises à sa disposition. Les amendements et les
« engrais ne sont-ils pas là pour créer et favoriser ces trans-
« formations de matières minérales ou organiques, en matière
« végétale neuve et vigoureuse , sous les puissantes influences
« du soleil et de l'atmosphère? »

Création de cinq mille propriétés agricoles.

Dépenses

Achat, défrichement et mise en rapport,
de 25,000 hectares de terrain inculte, à
2,500 fr. l'hectare....................... 62.500.000 f.

Construction de 5,000 habitations agricoles,
à 7,500 fr. l'une 37.500.000

Plants, semences, outillage, bétail, vo-
lailles, fumiers et fourrages. à 3,000 fr. par
exploitation........................... 15.000.000

Allocation de 100 fr. par mois pour chaque
famille pendant la première année et de 50 fr.
par mois pendant la deuxième............ 9.000.000

Pour division approximative en 50 communes (1) comprenant chacune cent maisons,
représentant une population moyenne de
400 habitants. enfants compris. Construction
de 50 mairies, avec annexes pour maisons
d'écoles des deux sexes. salles de conférence,

A reporter..... .... 124.000.000 f.

(1) Une commune comprenant 100 exploitations couvrirait une surface
de 2 kilomètres 1/2 sur 2 kilomètres.

Report............... 124.000.000 f.

de bibliothèque, laboratoire pour expériences chimiques, bureau de poste et trois logements séparés pour Instituteur et Institutrice primaire et pour Instructeur agricole, à 50,000 fr. par commune.................... 2.500.000

Mobilier scolaire et communal, instruments de physique et de chimie, pompes à incendie, instruments agricoles mécaniques mis en commun, locomobiles à vapeur, semeuses, faucheuses, batteuses à 30,000 fr. par commune.................... 1.500.000

Construction de 50 hangars pour loger le matériel commun à 4,000 fr. l'un.......... 200.000

Service municipal et entretien du matériel et des bâtiments communaux pendant 5 ans, *(à partir de la sixième année ces dépenses seraient payées par la commune)* à 1,500 fr. par an pour chaque mairie.................... 375.000

Puits, fontaines, abreuvoirs, imprévu, à 20,000 fr. par commune.................... 1.000.000

Traitement pendant quatre années de 50 instructeurs agricoles choisis parmi les agriculteurs de bonne volonté à 3,000 fr. par année. 600.000

Traitement de 50 instituteurs à 1,600 fr. et de 50 institutrices à 1,400 fr. pendant 5 années. (L'Etat percevant les impôts sur chaque groupe dès la quatrième année pourvoirait aux frais d'enseignement à partir de la sixième année, ainsi qu'aux frais des postes et télégraphes après le même laps de temps).. 750.000

A reporter............... 130.925.000 f.

Report .... 130.925 000 f.

Appointements pendant 5 ans de 20 fac-
teurs-boitiers à 650 fr. par an pour chacun . .   65.000

Construction de 5 bâtiments pour 5 bureaux des postes et télégraphes, à 9,000 fr.
chaque, terrain compris 45.000

Traitement des titulaires de ces 5 bureaux
pendant 5 ans, à 3,000 fr. par an 75.000

Pour service médical et vétérinaire, 10 titulaires de chaque spécialité desservant en
moyenne chacun 500 maisons. Construction
de 20 habitations, à 9,500 fr l'une terrain
compris 190.000

Logement et indemnité de 5,000 fr. par an,
sans honoraires, pendant les 5 premières
années 500.000

Logement et indemnité de 2,000 fr. sans
préjudice des honoraires pendant les 5 années suivantes 200.000

Puis indéfiniment logement aux frais des
communes.

Etablissement de voies de communication.   2.000.000

Total 134.000.000

Ressources financières

Affectation d'une augmentation de 20
pour 100, soit 20 centimes par franc, sur
l'impôt du tabac, qui produisant actuellement
333 millions, s'élèverait alors à 399 millions,
différence à percevoir 66.000.000

A reporter .... 66.000.000 f.

Report.............. 66.000.000 f.

Réduction du service militaire à deux années, rendant annuellement disponible sur le budget de la guerre.................... 60.000.000

Réduction à 1,000 fr. du versement exigé pour le volontariat d'un an, et acceptation au minimum de 10,000 volontaires par année, versant ensemble 10,000,000. Sur ce chiffre serait prélevé........................ 8.000.000

Total................. 134.000.000 f.

Résumé.

Dépenses................. 134.000.000 f.

Recettes................. 134.000.000

Tous les travaux seraient concédés à des Compagnies particulières, les employés de l'État ne seraient pas admis à y participer.

Les dépenses qu'entraîneraient l'aménagement du sol, les constructions de maisons et avances indispensables s'élèveraient à 25,000 fr. par propriété. A l'expiration de la troisième année, les habitants ayant à en payer l'intérêt à denx et demi pour cent pendant vingt ans, verseraient annuellement chacun 625 fr.; soit, 3,125,000 fr. par groupes de 5,000 habitations. Sur ce chiffre, 125,000 fr. seraient affectés à la perception des revenus et à l'entretien des propriétés communales, 3,000,000 seraient versés à la caisse de retraite des travailleurs.

Il ne faut pas perdre de vue, qu'en raison de l'établissement de 5,000 propriétés par an, ce versement de 3,000,000, serait de 6,000,000 la deuxième année, de 9,000,000 la troisième, et ainsi de suite jusqu'à la vingtième année à partir de laquelle, pendant 120 ans, le montant des versements annuels serait de 60,000,000 ; sans préjudice des impôts ordinaires appliqués aux services de l'Etat. Puis alors, nos moyens d'action ne seraient pas épuisés. L'Algérie n'est-elle pas devant nous !

Peut-il être fait des objections sérieuses au sujet des moyens indiqués pour procurer les ressources nécessaires ?

1o Un déboursé de 7 centimes au lieu de 5 n'arrêtera pas les fumeurs ;

2o Si le chiffre des volontaires d'un an porté à 10,000, devait affaiblir l'armée, si les hommes spéciaux, démontraient par des preuves que l'éducation militaire ne peut se faire en deux ans, ou que la réduction du service à deux années est inopportune ou prématurée ; il serait facile de suppléer aux 68,000,000 qui manqueraient. Un impôt annuel de 150 fr., prélevé sur tous les hommes valides de 25 à 50 ans vivant de leurs revenus, ou de ceux de leur famille, sans être patentés ; et un impôt de 3 %, sur les traitements des militaires ou employés et fonctionnaires de l'État, payés plus de 5,000 fr., compenseraient largement la différence. Il y a même tout lieu de croire que les réflexions que suggérerait cette mesure, contribueraient puissamment à faire ouvrir les yeux aux adversaires de la réduction du service et de l'extension du volontariat, et qu'extension et réduction seraient opérées immédiatement. Dans tous les cas, et ce qui est à considérer, un résultat serait acquis par l'un ou l'autre moyen, sans que les nouveaux imposés aient à en subir la moindre privation dans leurs satisfactions utiles. En outre, on peut avoir assez de confiance dans la générosité de caractère et dans l'intelligence des familles riches, pour penser qu'elles accepteraient avec empressement un impôt relativement léger pour elles, leur donnant le moyen de prouver aux classes laborieuses, que les principes de fraternité ne leur sont pas étrangers, et que les œuvres vraiment patriotiques trouvent en elles des soutiens et des coopérateurs. On peut être assuré qu'elles seraient heureuses d'aider à affranchir la France d'une situation précaire, la mettant à la merci de l'étranger. On peut affirmer qu'elles seraient heureuses de contribuer à établir notre richesse nationale sur des bases solides, garantissant aux déshérités, un espoir sérieux, d'heureux avenir et de liberté.

LES PENSIONS DE RETRAITE DU TRAVAIL

I.

Hommes de bonne volonté, qui voulant moraliser la classe ouvrière, avez échoué dans vos tentatives et restez découragés, croyez-vous que les ouvriers soient inintelligents ? Non, n'est-ce pas. Mais peut-être vous demandez-vous si l'humanité est divisée en deux groupes : l'un bon « les dirigeants, » l'autre mauvais « les dirigés. » Les faits semblent l'indiquer dites-vous ? Alors rappelons-nous qu'il n'y a pas d'effet sans cause.

Quelle est dans notre organisation sociale la part de l'homme du peuple ? Jusqu'à la mort, le travail sans relâche, sans espoir de repos, accompagné de la mendicité sous toutes ses formes, avec ses perversions, ses hontes et ses famines.

Dès que l'âge lui permet d'entrevoir les réalités de la vie, le plus grand nombre peut résumer ainsi son existence :

« Tu n'as jusqu'ici connu que chagrins et luttes, privations
« des jeunes années. Etudes arides sans encouragements. Rude
« apprentissage d'un métier qui ne suffit pas toujours aux
« besoins. Puis, le service militaire t'a courbé, pauvre, muet
« et sombre, sous des caprices et des volontés despotiques:
« voici ton passé !... Regarde l'avenir... Tu vas te marier,

« avoir une compagne . Goûteras tu les joies de la famille ?
« Pas d'illusions... Maintenant la misère va te saisir et
« t'étreindre jusqu'à la fin. La paternité, joie des autres, te
« sera une charge accablante, chaque enfant aggravera tes
« privations, tes angoisses ; tu souffriras ses amertumes in-
« cessantes et les tiennes. Puis, quand tes forces s'affaibli-
« ront, ton salaire diminuera et, alors, si tu ne fais partie des
« privilégiés admis aux hôpitaux, la faim te tuera.

« Si, l'esprit anéanti par la fatigue sans trève, tu te laisses
« surprendre par l'ivresse en croyant te réconforter, tu seras
« brutalisé, emprisonné, flétri. Si le désespoir met des me-
« naces dans ta bouche, les pouvoirs qui font évader les
« Bazaine, glorifient les Thiers, et s'agenouillent devant les
« Napoléon III !.. t'enverront à la mort ou au bagne, sans
« souci de ta femme et de tes enfants mourant de faim, sans
« qu'une voix ose s'élever pour rappeler l'ardeur au travail,
« les élans généreux, fraternels de ta jeunesse, tués lente-
« ment par une organisation sociale, qui n'a que des tortures
« pour le pauvre.

« Voudrais-tu espérer quand même ? Eh bien, regarde au-
« tour de toi. Vois s'il n'en est pas ainsi pour tous ceux qui
« t'entourent et t'ont précédé ! Regarde encore !... Où sont
« tes parents âgés ?... Morts sous la charge... Mourant d'épui-
« sement dans des bouges... Emprisonnés à l'hospice !...
« Qu'ont-ils fait pour qu'il en soit ainsi ? Qu'ont donc fait de
« plus qu'eux ces heureux que le hasard a favorisés..., dont la
« vie paraît être une satisfaction perpétuelle ? Ceux-là..., tes
« maîtres..., te parlent de fraternité. Pourquoi serais-tu bon
« à ceux qui jouissent ? Tu les envies, n'est-ce pas tout sim-
« ple ?... Leur indifférence cause ta colère..., s'en étonnent-
« ils donc ? Ils y ajoutent le dédain qui fait germer la haine...,
« ne la méritent-ils pas ?... Envie... colère... haine... Est-ce
« méchancheté ? Non, c'est esprit de représailles !... C'est mon
« droit ! Tous les autres m'ont été enlevés.

« Qu'un de ces privilégiés vienne donc me parler morale...,
« avenir meilleur..., me narguer d'espoirs lointains sans
« perdre un coup de dent devant mes misères présentes !...
« Depuis combien de temps leurs pères en ont-ils usé de même
« avec les miens, et combien de temps encore leur postérité
« les imitera-t-elle ? Arrière, menteurs, je vous hais ! Arrière,
« cabrioleurs moraux et politiques, je n'ai pas de temps à
« perdre... Prenez garde !

« Ceux qui m'excitent contre vous, sont des imposteurs,
« dites-vous ?... Leurs promesses sont mensongères ?.. Que
« m'importe, s'ils me donnent des armes ! Comptez-vous pour
« rien la joie de vous voir trembler devant moi et de vous
« tenir à ma merci, ne fût-ce que quelques jours ? Qu'ai-je à
« perdre à les suivre ? Que me font à moi les noms de ceux qui
« vivent de mon travail !... »

Économistes, moralistes, dont les théories étudiées et appliquées conduiraient au bien-être général, si en vous adressant à l'ouvrier vous ne voulez semer le grain sur la pierre... préparez le terrain. Peut-il réfléchir à vos enseignements pour les mettre à profit ? Il lui faudrait pour cela la liberté de penser. L'a-t-il ? Quelle idée peut trouver place et mûrir dans son cerveau, hanté jour et nuit par les réalités de la misère présente et les menaces de la détresse à venir ?

Vous vous occupez d'organiser l'instruction de la jeunesse laborieuse. Pour que vos efforts soient fructueux, il faut que le chef de famille y coopère, obtenez-le pour auxiliaire en ramenant le calme dans sa tête troublée, ôtez-lui d'abord la plus poignante de ses appréhensions, occupez-vous d'assurer à sa vieillesse le pain et le repos nécessaire, pour que ce souffre-douleur, ce martyr du passé sache, que lui et les siens, pourront après une vie de travail, sourire à des jours tranquilles et regarder en paix lever leurs derniers soleils.

II

En attendant que l'organisation par syndicats permette à chaque industrie d'assurer l'avenir de ses membres, par la création de caisses de retraite, les mesures suivantes peuvent être votées :

1º Une rente annuelle de 400 fr. sera servie à chaque ouvrier à façon, non patenté, marié ou veuf, âgé de plus de 62 ans ;

2º Nul ouvrier ne pourra profiter de cette disposition, s'il n'exerce depuis l'âge de 30 ans une profession manuelle, soit industrielle, soit agricole ;

3º Les célibataires ou les ouvriers s'étant mariés après l'âge de 40 ans, ne seront pas pensionnés ;

4º Les ouvrières veuves ou célibataires âgées de 62 ans, recevront une rente annuelle de 230 fr. ;

5º Les ouvriers veufs âgés de 62 ans, recevront une rente de 300 fr. ;

6º L'inconduite ou les habitudes d'oisiveté et d'inexactitude au travail, enlèveront tout droit au service de la pension ;

7º Les motifs d'exclusion seront appréciés dans chaque commune par une commission locale, désignée et présidée par le maire, composée de trois patrons et de quatre ouvriers appartenant les uns et les autres, autant que possible, à la profession de l'ouvrier en cause. Cette commission procédera par jugement motivé et sans appel. Si l'exclu est marié à une femme honnête, d'habitudes laborieuses, la pension sera attribuée à celle-ci et elle en aura seule la libre disposition.

Ressources financières.

Il pourrait être imposé aux rentiers, aux propriétaires ou patrons industriels et agricoles valides, âgés de moins de

62 ans, une taxe qu'ils paieraient, et pour eux-mêmes et pour chacun des ouvriers, employés ou domestiques, de 18 à 62 ans, occupés par eux.

Tout leur personnel masculin, soit journalier, soit au mois, soit à l'année, serait muni d'un livret délivré par l'État, lequel, sous la signature du patron, constaterait à chaque jour de paye et au départ de chaque titulaire, le nombre d'heures de travail payées. Ce livret, visé mensuellement aux commissariats de police ou à leur défaut aux mairies, servirait à répartir régulièrement la taxe à percevoir, et serait renouvelé chaque année contre le dépôt de l'ancien. Une fausse déclaration entraînerait une pénalité.

Il existe environ 2,500,000 hommes valides, âgés de moins de 62 ans, occupés aux travaux industriels dans les localités grandes ou petites, ou salariés pour travaux étrangers à l'agriculture, ou vivant de leurs revenus, et on évalue à 5,000,000 le nombre des travailleurs occupés aux travaux de culture et se trouvant dans les mêmes conditions de validité et d'âge.

La taxe à payer serait de 0 fr. 25 par journée, en moyenne de dix heures, soit 2 cent. 1/2 par heure pour le personnel composant la première catégorie. Elle serait de 0 fr. 15 par jour, soit 1 cent. 1/2 par heure pour le personnel agricole.

Chaque année de travail, déduction faite des jours de repos, des chomages de morte-saison, etc., peut être évaluée à une moyenne de 280 journées. En conséquence, l'impôt produirait :

Par la catégorie cotée à 0 fr. 25........... 175.000.000 f.
Par la catégorie cotée à 0 fr. 15.......... 210.000.000

Total des recettes,......... 385.000.000 f.

Dépenses

Rentes de 400 fr. à servir à 800,000 mé-
nages.. 320.000.000 f.

Rente de 300 fr. à servir à 50,000 hommes
veufs.. 15.000.000

Rente de 230 fr. à 200,000 femmes veuves
ou célibataires............................... 46.000.000

Fourniture de 7,500,000 livrets à 0 fr. 15. 750.000

Frais de visa, perception et versement,
évalués à 0 fr. 38 par contribuable ou pen-
sionné... 3.250.000

Total des déboursés...... 385 000.000 f.

Les taxes payées par les patrons pour chacun des membres
de leur personnel, ne constitueraient pour eux, en réalité,
qu'une courte avance, dans laquelle ils rentreraient presque
immédiatement, en répartissant sur leurs prix de vente, le
montant des sommes versées ; ces sommes se trouveraient ainsi
définitivement payées par la nation entière, qu'elles grèveraient
à peine d'une augmentation d'un et demi pour cent sur le
chiffre de ses achats.

Le taux des pensions indiquées est relativement faible, mais
en attendant mieux, l'ouvrier assuré d'en bénéficier, y ajou-
terait les économies qu'il saurait réaliser, qu'il a dédaigné de
faire jusqu'à présent, parce qu'il en méprisait l'insuffisance.
Alors il gagnerait en moralité, en dignité ; il saurait compenser
ce commencement d'amélioration de son sort, par une plus
abondante production et par l'étude et la mise en pratique des
lois de la fraternité.

CONCLUSION

Ouvriers, vos groupes divisés sont réduits à l'état de coteries insignifiantes, dédaignées et sans force. Réunissez-vous, concertez-vous pour étudier les projets dont la réalisation vous est utile, et prenez dès à présent l'engagement de ne voter que pour des députés résolus à travailler énergiquement à leur acceptation.

Travailleurs studieux, il en est près de vous un trop grand nombre, dont l'intelligence est encore endormie, qui restent indifférents devant vos efforts pour améliorer, ou préconisent la force au triomphe passager. Ne vous découragez pas devant leur dédain ou leur inertie en face de l'étude des moyens pacifiques, devant leur refus de participation.

En travaillant à les éclairer, à les calmer, vous travaillerez pour vous qui porteriez aussi la peine de leurs violences ou de leur paresse ; pour vos enfants, qui après des souffrances prolongées, devraient à leur tour reprendre la tâche que vous auriez abandonnée. Efforcez-vous de rendre ceux qui vous entourent dignes de collaborer à l'œuvre de la rénovation sociale qui doit s'accomplir dans la paix, par l'accomplissement du devoir qui est : la pratique du bien.

Faire le bien consiste pour ceux qui possèdent, soit matériellement, sois intellectuellement, à faire part, aux moins bien partagés..... FAITES LE BIEN ! vous en recueillerez les fruits : PAIN ET LIBERTÉ !..-..

EXCURSOR.

Juin 1882.

DU MÊME AUTEUR.

La Politique des Ouvriers. CRI D'ALARME. E. Dentu, éditeur 1881

Aux Ouvriers. QUATRE-VINGT-DIX ANS de RÉVOLUTION 1881

PAIN ET LIBERTÉ 1882